Geschichten zum Vorlesen

Geschichten zum Vorlesen

Tröstliche, sinnreiche, heitere und nach-
denkliche Geschichten
geschrieben von Teilnehmerinnen der Fortbildung
Sterbe- und Trauerbegleitung (Grundkurs vom 22. März
– 1. April 2021)

Bilder gemalt von: Nadja und Olga Hartwig

Layout, Teil 1: Christiane Behrens, April 2021 (Sie malt Energie- und Kraftbilder, deren Erlös dem Kinderhospiz gespendet wird, bei Interesse bitte www.spenden-hospiz.de ansehen.)

Im ersten Teil sind die Teilnehmergeschichten mit Namensnennung und im zweiten Teil stehen die Geschichten der Teilnehmerin Gabi Geiger-Käsmeier, die für alle, die zur Veröffentlich bereit waren, dieses Büchlein erstellt hat.

Sollte sich ein Erlös aus dem Verkauf des Büchleins ergeben, wird auch dieser an ein Hospiz gespendet.

Herstellung und Verlag: BoD – Books on Demand, Norderstedt
ISBN: 9783756275762

Inhaltsangabe
(Teil I, Teilnehmergeschichten)

Der Eichenbaum
(Angela Kühn)

Hans und Renate lernten sich im Urlaub kennen. Sie gingen oft spazieren, am nahe gelegenen Wald. Da fiel Renate am letzten Tag des Urlaubs ein, dass sie ein Zeichen ihrer Liebe setzen sollten und sagte zu Hans: "Lass uns einen Eichenbaum pflanzen zum Zeichen unserer Liebe und wir besuchen den Baum jedes Jahr im Sommerurlaub wieder." Gesagt getan, an dem Waldrand standen mehrere Eichenbäume und Hans nahm eine Eichel und setzte sie ein. Renate suchte einen Stock und befestigte ihre Haarschleife daran. So könnten sie die Stelle nächstes Jahr wiederfinden.

Die beiden fuhren wieder nach Hause und im nächsten Jahr im Sommerurlaub besuchten sie ihren Eichenbaum. Das Hotel war schon gebucht. Ein Jahr später gingen Hans und Renate in den nah gelegenen Wald um zu schauen, ob die Eichel jetzt ein kleines Bäumchen geworden war. Die beiden schauten sehr aufgeregt am Waldrand und suchten den Stock mit der Schleife, wo sie die Eichel eingesetzt hatten. Plötzlich rief Renate: "Da ist der Stock mit der Schleife und schau, es ist auch ein kleines Bäumchen gewachsen." „Das ist aber schön", sagte Hans. In diesem Sommerurlaub gingen sie noch öfter dort hin, bis der Urlaub zu Ende war.

So machten sie es viele Jahre. Die beiden heirateten und bekamen drei Kinder: Susi, Ulli und Timm. Sie besuchten diesen Baum auch mit ihren Kindern und erzählten ihnen diese Geschichte. Die Kinder fanden die Geschichte wunderschön. Sie wollten selber eine Eichel einpflanzen und auch so einen schönen Baum haben. So besuchte die ganze Familie über viele Jahre die Bäume, die sie gepflanzt hatten.

Eines Tages fuhren die Kinder nicht mehr mit, da sie schon erwachsen geworden waren und selber Kinder bekommen hatten.

Jetzt waren Hans und Renate 30 Jahre verheiratet und Hans hatte sich etwas Besonderes einfallen lassen für diesen Urlaub: Er hatte einen Tischler beauftragt, an dem Eichenbaum eine Bank zu stellen, als Überraschung für seine Frau.

So wie jedes Jahr gingen sie im Urlaub zum Eichen-
baum und Renate staunte nicht schlecht, als sie die
Bank sah. Sie sagte: "Wer hat die denn dahin ge-
stellt? "„Ich habe das organisiert, damit wir uns da
mal hinsetzen und ausruhen können. Wir werden ja
immer älter", sagte Hans. So fuhren die beiden noch
viele Jahre in den Urlaub und besuchten den Eichen-
baum und die Bank.

Der große alte Eichenbaum auf der Wiese am Rübenfeld

(Heike Winkelbach)

Wie an jedem Tag stand der große alte Eichenbaum auf der Wiese am Rübenfeld - ganz allein. „Jeden Tag verbringe ich hier draußen und niemand beachtet mich. Es ist so hoffnungslos und ungerecht.", beschwerte er sich oft. In diesem Moment kamen 3 weiße Tauben des Weges geflogen und ließen sich auf einem Ast nieder.

Die Tauben waren Glaube, Liebe und Hoffnung.

„Warum hast du denn so schlechte Laune?", fragte die Liebe. Und schon klagte die alte Eiche ihr Leid. Die Liebe aber schmunzelte: „Aber das stimmt doch gar nicht. Alle Menschen lieben dich und freuen sich über einen so schönen alten Eichenbaum, wie du es bist. Im Frühling blühst du in den schönsten Farben und die Herzen frohlocken. Im Sommer spendest du kühlen Schatten den Wanderern am Wegesrand, die unter dir verweilen.

Wenn der Herbst kommt, lockst du die Kinder mit deinen bunten Blättern, die dir zu Füßen fallen. Und wenn schließlich der Winter vor der Tür steht, siehst du in deinem Reifkleid ganz bezaubernd aus."

So hatte es die alte Eiche noch nie betrachtet und wurde nachdenklich.

„Glaube an dich!", sagte der Glaube. Du bist ein ganz wertvolles Geschöpf.
Sofort besserte sich die Laune des Eichenbaumes und er konnte sich wieder über sein Leben freuen. „Ich wusste gar nicht, dass ich so besonders bin.", sagte die alte Eiche.

„Und verliere nicht wieder die Hoffnung!", entgegnete die Hoffnung.

Die drei Tauben flogen davon.

Der alte Eichenbaum jedoch steht seitdem tagein, tagaus stolz und mit weit ausgebreiteten Ästen auf der bunten Wiese am Rübenfeld – und immer in Gedanken an Glaube, Hoffnung und Liebe.

Der gute Baum
(Gabi Geiger-Käsmeier)

Auf einer Lichtung in einem fernen Land stand einst ein Baum. Ein großer kräftiger Baum mit vielen Jahresringen. Er hatte einen starken dicken Stamm und eine dicke Rinde.

Immer wieder kam Menschen zu diesem Baum und erzählten ihm von ihrem Leid oder ihrem Glück. Der Baum hörte allen zu und manchmal wenn jemand an seinem Fuße lag und vielleicht etwas ausruhen wollte, legte er schützend seine Äste mit dem Laub über den Schlafenden.

Manchmal wurde der Baum aber auch traurig. Es gab Menschen, die ritzten einfach Buchstaben oder Zahlen oder ein Herz in seine Rinde. Das machte ihn traurig. Er weinte dann ein wenig und die Menschen wunderten sich warum jetzt Harz aus dem geritzten Herz lief.

Andere wiederum kamen und umarmten ihn oder sie streichelten seine Rinde oder legten frisches Grün auf die Wunde zur Heilung. Dann freute sich der Baum und wog sachte seine Äste im Wind.

Nach ein paar Jahren wurden weitere Bäume gepflanzt um ihn herum. Diese wuchsen schneller als er. Sie hatten nicht so viel Zeit, um groß zu werden wie er. Sie hatten nicht diese Jahresringe wie er. Sie wurden größer und größer aber nicht so stark wie er. Diese Bäume hatten keine dicke Rinde. Manche wurden durch Tiere beschädigt, weil die Tiere sich an den Trieben labten und an den dünnen Stämmchen rieben.

Der große kräftige Baum tröstete die dünnen Bäumchen. Aber sie schwankten im Wind gar heftig hin und her. Der große Baum wollte die dünnen Bäumchen schützen und breitete manchmal seine starken Äste aus, damit der Wind die dünnen Stämmchen nicht aus der Erde riss. Doch ab und zu gelang es nicht, und das eine oder andere kleine Stämmchen konnte sich nicht halten.

Die Wurzeln riefen um Hilfe, aber niemand war da, um sie wieder einzugraben. Niemand hörte ihr Rufen. Nur der große kräftige Baum hörte sie, aber seine Äste waren nicht genug, um allen helfen zu können. Nur die ihm am nächsten standen, konnte er schützen. So musste er Jahr für Jahr das eine oder andere dünne Stämmchen gehen lassen.

Aber die Bäumchen die in seiner Nähe standen, die wuchsen heran und wurden kräftiger. Ihre Stämme wurden dicker und die Wurzeln konnten sich mit jedem Jahr stärker im Erdreich festhalten. Diese Stämme bildeten viele Äste, die jedes Jahr größer, kräftiger und ausladender wurden.

So kam es eines Tages, dass der Baum der sie beschützt hatte als sie zu klein waren, irgendwann nicht mehr genug Licht hatte. Der Platz wurde auch so eng. Er hatte Mühe alle seine Äste der Sonne zuzuwenden, damit er wie jedes Jahr aufs Neue Blätter und Blüten bilden konnte. Und nach ein paar Jahren merkte er wie er immer schwächer wurde. Seine Äste wurden knorrig und verdorrten scheinbar. Sonne und Regen drangen nur noch vereinzelt zu ihm. Zu dicht war der Blätterwald um ihn herum geworden. Und dann eines Tages hatte er keine Kraft mehr.

Die Bäume um ihn herum waren ratlos, er konnte sich nicht mehr aufraffen. So bröckelte seine starke Rinde immer mehr ab. Efeu rankte nun an ihm und riss jedes Jahr mehr von der Rinde weg bis sein Stamm nicht mehr genug Schutz hatte. Da wo die Rinde fehlte kam er sich so nackt vor.

Der nächste Winter schüttelte ihn kräftig durch. Die Stämme um ihn herum versuchten ihm zu helfen, aber sie waren zu groß. Der Blätterwald konnte nichts ausrichten, weil der Schnee zu schwer war und mit aller Last immer wieder hinunterfiel auf den einst so kräftigen Baum. So dauerte es noch ein paar Monate und der Baum mit der fehlenden Rinde sackte in sich zusammen. Eines Morgens lichteten sich die Blätter über ihm und die Stämme um ihn herum riefen nach ihm. Er konnte sie nur noch schwach hören.

Das Licht, das sie ihm spendeten und die Sonne über ihm gaben ihm Zuversicht. Er hörte das Rauschen der Blätter die ihm sagten: „Lass dich fallen. Bleib liegen und ruh dich aus. Du hast dein Werk getan. Du warst ein guter Baum. Du hast andere beschützt. Du hast sie wachsen lassen. Du hast Wärme gegeben. Du hast ihnen Ruhe geschenkt. Jetzt bist du an der Reihe.

Jetzt nimm du die Wärme und Ruhe an und lass dich von uns beschützen."

Foto: Gabi Geiger-Käsmeier

Die Raupe
(Olga Hartwig)

Eines Tages schlüpfte aus einem kleinen Ei, eine kleine Raupe. Da sie klein und hungrig war, begab sie sich auf den Weg, um Nahrung zu suchen. Jeden Tag stellte sie sich den Herausforderungen, leckere Blätter oder leckere reife Früchte oder Obst zu finden, aufs Neue.

Am ersten Tag fraß sich die kleine Raupe durch einen großen roten Apfel. Er duftete so herrlich süß und war sehr saftig.
Am zweiten Tag erreichte die Raupe den Birnenbaum und erlaubte sich zwei Birnen zur Mahlzeit.
Am dritten Tag, auf dem Weg zum Orangenbaum hatte sie viele saftige Blätter und leckere Erdbeeren gehabt. Dabei musste sie aufpassen, um selbst nicht von den Vögeln gefressen zu werden.

Mit jedem Tag wuchs die Raupe und wurde dicker. Sie kämpfte mit Schwierigkeiten, die ihr auf dem Weg lagen. Sie war klein, aber sie war tapfer.
Nach einigen Tagen fraß sie sich satt und war sehr dick.
Die Raupe suchte sich einen ruhigen und geschützten Platz, um sich zu verpuppen.

Die Zeit verging und aus dem Kokon, wo die Raupe einmal war, kam ein wunderschöner Schmetterling heraus.

Ein Baum und seine guten Taten
(Janina Bode)

Lara und Tim lernten sich in jungen Jahren kennen und lieben. Sie wanderten gern, liebten die Natur und alles was sie zu bieten hat.

Nach ein paar Jahren heirateten die beiden. Sie bekamen zwei Kinder mit den Namen Amy und Sven und lebten ein glückliches Leben. Sie vermittelten ihren Kindern, wie wichtig es ist die Natur wertzuschätzen.

So verbrachten sie als Familie viele Stunden in den Wäldern. Ein Baum nannte Lara den Mittelpunkt des Waldes. Ihre Kinder verstanden dies nicht, bis die Mutter es erklärte: „Als ich euren Vater kennenlernte war dieser Baum eher klein und schmächtig, dennoch war er damals schon sehr wichtig für diesen Wald. Er war eine Heimat für eine kleine Mäusefamilie, die sich unter seinen Wurzeln versteckte.

Mit den Jahren wuchs er in die Höhe und immer mehr Tiere fanden ein Zuhause in ihm. Zum Beispiel Raupen verpuppten sich im Schutze seiner Blätter und erwachten zu einem wunderschönen Schmetterling.“

Amy unterbrach ihre Mutter und fragte traurig: „Aber Mama, was ist denn, wenn der Baum einmal nicht mehr da ist, dann haben all die Tiere doch kein Zuhause mehr?“ „Na ja mein Schatz, dann ist das der

Kreislauf des Lebens. Aus seinen Knospen werden wieder neue Bäume … So wie du und dein Bruder.

Eines Tagen werden Papa und ich auch nicht mehr da sein aber Sven und du tragt ein Teil unseres Lebens in euch und in euren Herzen die Erinnerung an uns. Die Dinge, die wir getan oder gesagt haben, bleiben. Also verschwinden wir nie ganz, auch wenn unsere Körper diese Erde verlassen. So ist das auch mit dem Baum und der Natur: wenn der Baum geht, kommen neue Bäume. Aber die Taten des Baumes prägen die Natur."

Viele Jahre später kamen Amy und Sven mit ihren Familien zu diesem Baum zurück, der mittlerweile eine wunderschöne große Eiche geworden war.

Sie trauerten um Ihre Eltern, die sie vor kurzen verloren hatten und erzählten ihren Familien, was damals an diesem Baum stattgefunden hatte.

Plötzlich setze sich ein wunderschöner Schmetterling auf Amys Arm und sie sagte: „Hallo Mama", und fing mit einem Lächeln im Gesicht an zu weinen.

Muscheln in der Hand

(Christiane Behrens) www.spenden-hospiz.de

In der Früh, wenn alles noch still war und sich nur die Blätter am Baum leise vom Wind hin und her bewegten, stand Frau Seiler gern am Strand. Sie hörte den Wind in den Bäumen zu und hörte zugleich auch die Wellen, wie sie an den Strand klatschten. Das war fast wie ein Konzert.

Sie liebte diese Stimmung und genoss die langsam höher steigenden Strahlen der aufgehenden Morgensonne. Ein Vogel flog zwitschernd vorbei.

So begrüßte sie oft den Tag. Sie hatte Muscheln gesammelt und schaute lächelnd auf die Fundstücke in ihrer Hand. „Jede Muschel ist eine lieb gewonnene Erinnerung aus vergangenen Tagen", dachte sie und erinnerte sich so gerne an die schönen Momente in ihrem Leben zurück.

Diese schönen Momente waren das Wertvollste, was sie eines Tages, wenn sie Abschied nehmen musste, mitnehmen wird …. sie werden sie wie Lichtpunkte auf dem letzten Weg begleiten.

So stand sie oft am Meer und dachte an ihren letzten Abschied, den sie bald zu nehmen hatte und wurde ein wenig wehmütig. Doch dann fasste sie sich Mut, drückte die Muscheln an ihr Herz, schloss die Augen und warf sie mit einem Lächeln zurück ins Meer.

„Warum nicht jetzt schon immer ein kleines Stückchen loslassen üben? Ich muss nicht alles behalten", sagte sie zu sich und blickte zufrieden auf das Wasser. Sie hatte ihr Leben gelebt. Es gab ja nichts wirklich festzuhalten. „Ich nehme nichts mit außer meine Liebe und die Erinnerungen an die gute Zeit", dachte sie.

„Das Leben ist ein ständiges Kommen und Gehen und ich mache bald Platz für andere auf dieser Erde. So ist das Leben".

So ging sie weiter mit tiefem Frieden im Herzen ihren allmorgendlichen Spaziergang am Meer entlang.

Sie vertraute nun, dass alles richtig kommt und sich fügt, egal was geschieht.

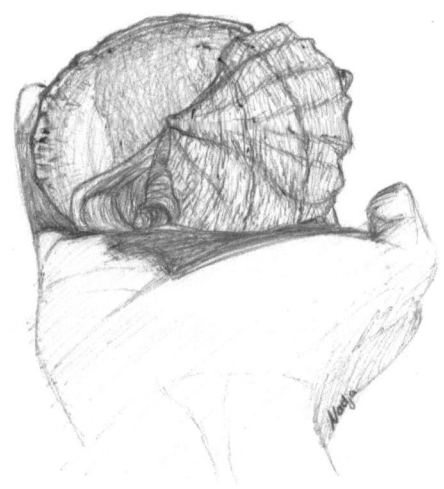

Zwei Schmetterlinge
(Susanne Schwider)

Es war an einem warmen Sommertag und sie fuhr mit dem Auto in ihre alte Heimat. Eine liebe alte Freundin von ihr war im hohen Alter verstorben und heute war die Trauerfeier. Wieder eine Trauerfeier. Davon gab es in der letzten Zeit viel zu viele.

Besonders seit ihre Mutter gestorben war, erst vor einem halben Jahr, fühlte sie fast nichts mehr dabei. Es war als sei ihr Herz nur noch ein harter Klumpen. Nicht ein einziges Mal hatte sie seitdem um die Mutter weinen können. Ja, natürlich vermisste sie sie.

Aber sie war nach drei Jahren intensiver Pflege sehr ausgelaugt gewesen und - auch wenn sie es sich selbst nicht eingestehen wollte – war es auch eine große Erleichterung.

Nicht nur für sie selbst, sondern auch für ihre Mutter, die große Schmerzen und viele Einschränkungen hinnehmen musste.

Dazu kam, dass es kein wirkliches Abschiednehmen gegeben hatte. Am Morgen hatte sie ihre Mutter versorgt wie immer. Sie hatte Mittagessen bereitgestellt. Am Nachmittag wollte sie wieder nach ihr schauen und hatte bereits einen leckeren Kuchen dafür zubereitet.

Kurz bevor sie sich auf den Weg machte, bekam sie einen Anruf der Notrufzentrale, ob sie in der Nähe sei oder ob man jemanden alarmieren sollte. Ihre Mutter habe den Notruf gedrückt. Als sie sofort zu ihrer Mutter ging, fand sie diese sterbend und nicht mehr ansprechbar auf ihrem Bett liegend. Natürlich hatte sie gewusst, dass sie eines Tages Abschied nehmen musste. Aber warum war sie nicht da gewesen, als es passierte? Warum konnte sie kein Wort mehr mit ihr sprechen? Es kam so plötzlich und sie konnte es nicht fassen.

All die Dinge, die nun erledigt werden mussten, tat sie gewissenhaft. Alle Behördengänge und Vorbereitungen zur Trauerfeier brauchten viel Zeit und Kraft. Das betäubte den Sinn.

Danach kam die Leere. Wenn sie unterwegs war, erschrak sie plötzlich darüber, weil sie glaubte, ihre Mutter vergessen zu haben. Wenn sie die Lieblingsblumen ihrer Mutter sah, kam ein drückender Schatten über sie.

Wenn sie allein war, verspürte sie ein stumpfes Gefühl. Keine Trauer wie sie sie bisher kannte, kam auf. Der Schmerz legte sich um ihr Herz, als strickte sich ein dichter Kokon darum.

Mit diesem Gefühl fuhr sie nun wieder zu einer Trauerfeier. Sie dachte an ihre alte Freundin, die heute verabschiedet werden sollte. Was für eine gütige Person war das. Ihr konnte sie alles anvertrauen.

Je näher sie der Heimat kam, desto stärker wurde die Erinnerung. Immer hatte ihre Nähe ihr gut getan und sie hatte das richtige Wort gefunden.

Mit einmal flog ein Schmetterling durch das geöffnete Autofenster herein und ihr war, als ob ihre Freundin selbst hereingekommen sei. Sie fühlte ihre Nähe und hörte in sich ihre Worte: Ach geh, du musst nicht stark sein. Du darfst weinen.

Endlich kamen ihr die Tränen der Trauer und alles was sich angestaut hatte, kam heraus. Noch am Grab ihrer Freundin weinte sie - um ihre Mutter, um ihre Freundin und um die anderen Lieben, die sie in den letzten Jahren verloren hatte.

Langsam löste sich der Kokon in ihrem Herzen, ihr wurde ganz leicht zumute. Als sie aufschaute flogen zwei Schmetterlinge über die sonnige Wiese ins Licht.

Das Samenkorn
(Birgit Baum-Zugschwerdt)

an einem schönen Tag im Herbst flog ein kleiner Gimpel auf den Apfelbaum in unserem Garten, setzte sich auf einen Ast und genoss die letzten Sonnenstrahlen. Als er anfing zu zwitschern, verlor er ein kleines Samenkorn, das er von seiner letzten Rast mitgebracht hatte.

Der Wind wehte das kleine Samenkorn sanft durch den Garten. Neben dem Holunderstrauch glitt der kleine Samen zu Boden. Dort schlummerte das Samenkorn bedeckt von Blättern, die die letzten Herbststürme auf ihn fallen ließen. Den ganzen Winter über sammelte der kleine Same Kraft.

Als die Frühlingssonne allmählich den Boden erwärmte, wachte er auf und begann neugierig seinen Spross der Sonne entgegen zu strecken. Er wurde groß und größer und hatte dabei viele Abenteuer zu bestehen. Zuerst kamen die Vögel auf der Suche nach Nahrung, da er gut versteckt war neben den Blättern, fanden sie ihn nicht. Dann kamen eines Nachts, nach dem Regen die Schnecken auf der Suche nach frischen kleinen Pflänzchen. Da hatte das kleine Pflänzchen schon ein wenig Angst, aber es ging gut und die Schnecken glitten an ihm vorbei.

Es wuchs und wuchs und entwickelt sich zu einer strahlenden Sonnenblume. Jeden Morgen streckte es seinen Kopf der Sonne entgegen. Das war ein schönes Leben, das die Sonnenblume hatte. Sie wiegte ihren Kopf in der Sonne, hörte den Vögeln zu, bekam Besuch von Bienen und Käfern. Langsam wurde die Sonnenblume erwachsen und in ihrer Blüte begannen Kerne zu wachsen.

Als es wieder Herbst wurde, wurde die Sonnenblume langsam schwächer. Zuerst wurde sie ein bisschen traurig, als sie merkte, wie ihre Kräfte zu schwinden begannen. Ihr Stiel, der immer saftig und grün war, wurde langsam braun und trocken. Die schönen gelben Blätter fielen ab, eines nach dem anderen.

Da kam eines Tages ein kleiner Vogel, setzte sich auf sie und pickte einen ihrer vielen Kerne heraus.

Da begriff die Sonnenblume, dass das Leben gar nicht vorbei war. Sie würde wieder kommen in nächsten Frühling, denn einer ihrer vielen Samen würde Irgendwo in einem anderen Garten zu neuem Leben erwachen.

Erinnerung

(Susanne Schwider)

Adieu Mama, adieu Papa
Ich hab dich lieb und fühl mich dir ganz nah.
Du kleiner Bruder, mein lieber Freund
Ich hab heut Nacht von dir geträumt.

Wir gingen fröhlich mit Gesang
Zusammen unser'n Weg entlang
Dann wurd' ich wach und du warst weg.
Das war für mich ein großer Schreck.

Nun fühle ich mich ganz allein.
Dafür bin ich doch noch zu klein.
Und denke dass ich dann und wann
Doch deine Hilfe brauchen kann.

Tief in mir drin, will ich drauf hör'n
Was rätst du mir, was könnt dich stör'n.
Ich überleg, was ich will und kann.
Was für mich gut ist, mach ich dann.

Denk ich an dich, wird mir ganz warm.
Ich fühl mich wie in deinen Arm.
und kuschel mich ganz fest hinein.
Dann kann ich immer bei dir sein.

Du bist schon lange nicht mehr hier.
Doch wenn ich will, bist du bei mir.
Ich schließ dich in mein Herz hinein,
dann kannst du immer bei mir sein.

Die Muschel am Strand
(Bettina Hellrung)

Seit langem war ich letztens einmal wieder am Meer. Ich machte mit den Sandalen in der Hand einen Spaziergang am Strand. Die letzten Sonnenstrahlen des Tages wärmten mein Gesicht und ich spürte den feinen Sand unter meinen Füßen.

So ging ich nun in aller Gemütlichkeit an den Wellen entlang, die hin und wieder meine Füße angenehm erfrischten. Ein leichter Wind wehte mir entgegen und ich sah einige Möwen durch die Lüfte gleiten.

Die Sonne näherte sich langsam dem Meer und der Himmel nahm die schönsten Farben an. Ich blieb kurz stehen, um diesen Moment bewusst zu genießen.

Nachdem ich zur Sonne in die Ferne schaute, wanderte mein Blick langsam über das Meer hinunter zu meinen Füßen, die von den Wellen immer wieder neu sanft überspült wurden.

Da fiel mir auf einmal eine kleine Muschel auf, die sich im Wasser immer wieder zu mir hin und etwas von mir weg bewegte. Ja, es sah fast aus, als würde sie tanzen. Ich beugte mich hinunter, um sie näher zu betrachten und hob sie schließlich auf. „Was hat

die Muschel wohl schon alles unter dem Wasser ge-
sehen und erlebt, bevor sie hier an den Strand ge-
spült wurde?" fragte ich mich. Ich überlegte weiter:
„Was sie nur alles zu erzählen hätte.

Und nun ist sie hier und liegt in meiner Hand und
ich, ich freue mich über diese Kleinigkeit. Vielleicht
nehme ich sie mit und verschenke sie an einen lieben
Menschen – so wird die Freude weitergetragen.

Auch das Leben ist ein bisschen wie diese Muschel,
denke ich. Auch ich habe viel erlebt ...gelacht und ge-
weint, Höhen und Tiefen gemeistert, war enttäuscht
von mir und stolz auf mich und doch werde ich nicht
ewig selbst von meinen Erfahrungen und den ein-
drucksvollen Momenten berichten können.

Aber ist es nicht ein kleiner Trost, dass irgendetwas
immer von uns übrig bleibt? – So wie die Schale der
Muschel noch viele Jahre überdauern wird – so ist
es bei uns Menschen vielleicht eine besondere Ei-
genschaft, wie z.B. die Gastfreundlichkeit, Dankbar-
keit, Ehrlichkeit oder Herzlichkeit, die sich unsere
Kinder von uns abgeschaut haben, oder die die/den
Bekannte*n beeindruckte, sodass sie/er sie auch für
sich ein Stück weit übernommen hat. Also eine Ei-
genschaft, die immer weitergetragen wird und wie-
der anderen Menschen eine Freude machen kann.

So lebt ein Teil von uns auch dann weiter, wenn wir nicht mehr hier sind.

Vielleicht ist es auch ein Gegenstand, den wir hinterlassen z. B. ein Schmuckstück, das noch viele Jahre weiterhin getragen wird oder ein Baum, den wir gepflanzt haben, der noch nach unserem Tod viele Früchte bringt oder Schatten spendet und an dem sich die Menschen ebenfalls erfreuen können ...."

Diese Gedanken trösten mich und stimmen mich zuversichtlich sowie dankbar für all die Momente, die ich erleben konnte. Dankbar bin ich auch für die Muschel, die meinen Tag verschönert hat. Ich habe für mich erkannt, dass – auch wenn ich gehen muss, ich doch immer ein Stück weit bleiben werde :)

Stein auf dem Liebesbankweg, Hahnenklee/Harz, Foto: Christiane Behrens
(www.spenden-hospiz.de)

Teil II
(Geschichten und Gedichte von Gabi Geiger-Käsmeier)

Jahreszeiten des Lebens

Im Frühling meines Lebens hab ich viel gelernt, wie laufen, sprechen, weinen oder lachen und manches begriffen, wie Herdplatten sind heiß, Türme aus Bauklötze kippen um und war neugierig, probierte Dinge aus, wie komme ich auf den Baum und wie wieder herunter. Jeder Tag war neu, alles musste entdeckt werden mit den Händen, mit den Augen, mit dem Herzen und mit Hilfe.

Bis der Sommer kam und ich im Leben auf beiden Beinen fest stehen und alleine klar kommen wollte. Das Leben genießen, um später Verantwortung zu übernehmen, mich festigen, anderen Halt geben. Wagemutig unterwegs sein, wissen, dass ein Zuhause da ist. Sich neuen Menschen und Gegebenheiten stellen. Freiheit erkämpfen mit Wut, Intelligenz, Humor und mit Hilfe.

Irgendwann war der Herbst gekommen, nicht in meinen Kopf, aber im Knie und in der Hüfte. Meine Erfahrungen geben Sicherheit, frühere Fehler werden korrigiert, manche Wünsche wurden wahr, andere träume ich noch immer. Ein paar Ziele haben sich geändert, ich bin im Herzen jung geblieben und mein Fahrrad hat jetzt einen Motor. Oft bin ich anderen eine Hilfe.

Soll er doch kommen der Winter, ich hab keine Angst davor, er soll sich nur viel Zeit lassen, denn noch genieße ich den Herbst meines Lebens.

Dann irgendwann hoffe ich wiederum auf Hilfe für den nächsten Frühling eines neuen Lebens.

Foto: Gabi Geiger-Käsmeier

„Sei getrost"

Sei getrost, leg Dich zur Ruh
Hör der ewgen Stille zu,
lass die Engel singen
auf großen Flügeln schwingen
nicht mehr denken
jeden Schritt neu lenken
keine Angst, kein Verdrießen,
einfach nur die Augen schließen

Lass Dich treiben von der Kraft
die der Glaube in Dir schafft

Die geheime Insel

Es begab sich zu einer Zeit als es noch Kutschen und Pferdegespanne gab.

Und ein fahrender Händler fuhr von Dort zu Dorf erzählte auf dem Marktplatz von einer Sage:

„Ihr Leute, ich muss euch mitteilen was ich hörte. Seit langer Zeit kursiert eine Sage die erzählt von einer geheimen Insel.

Niemand weiß wo sich diese Insel befindet. Aber jeder der davon berichtet, erzählt, dass die Bewohner nur auf dieser Insel leben können wenn sie auf sich und ihre Insel achten. Deshalb darf niemand der Bewohner verraten wie man diese Insel finden kann. Der Weg dorthin scheint ein langer Weg zu sein. Und auf diesem Weg zu dieser Insel gibt es viele Irrwege, die die Suchenden abbringen vom richtigen Weg. So sind schon viele Suchende einfach in die falsche Richtung gelaufen oder haben sich im Nebel verirrt und wurden nie mehr gesehen. Die Suchenden finden diese Insel nicht. Die Insel findet ihre Bewohner selber."

Geheimnisvoll gestikuliert der Händler mit den Händen.

Und die Marktbesucher rufen erstaunt, „Wie kann das sein? Eine Insel die man nicht finden kann? Wir haben doch auch andere Welten schon gefunden.

Mit dem Schiff kann man diese Insel sicher finden."
Die Marktbesucher unterhalten sich alle aufgeregt,
jeder redet mit jedem, alle reden durcheinander bis
der fahrende Händler ruft: "Leute, ich berichte euch
nur was ich auf meinen Reisen so hörte. Es gibt
scheinbar niemanden der von dieser Insel zurück-
kam. Obwohl mir dargelegt wurde, dass diejenigen
die ihr Versprechen nicht halten, die Insel verlassen
müssen." Ein Raunen geht durch die Menge.

Und bevor weitere Fragen gestellt werden können,
fährt der Händler fort: „Noch hat niemand einen In-
selbewohner getroffen der die Insel verlassen
musste. Aber es hält sich das Gerücht, dass die Ver-
räter mit einem Boot hinaus auf das Meer fahren
müssen, bis der Horizont sie verschluckt." Mit er-
staunten großen Augen rufen die Zuhörer „Oh und
Ah und Huuuu."

„Glaubt mir Leute, so wird es sich erzählt. In meh-
reren Ortschaften hörte ich die gleiche Sage. Diejeni-
gen die sich an die Ordnung halten und auf die Mit-
bewohner und ihre Insel achten, die dürfen bleiben
und sie dürfen dort leben wie im Paradies. Diese In-
sel soll so ruhig sein, dass man nicht weiß ob man
schläft oder nicht. Es soll so schön sein, weil die Insel
in einem hellen Licht zu liegen scheint. Sodass dieses
Licht die Insel schützt vor den Suchenden. Alle Be-
wohner sind sich gut, es gibt keinen Streit auf dieser
Insel. Nur so funktioniert es. Nur so kann die Insel im

Verborgenen bleiben. Und nur für die die gefunden werden öffnen sich die Tore, der Nebel lichtet sich. Das Licht trägt die die gefunden werden wie auf weichen Wolken auf die Insel. So wird es erzählt. Also suchet nicht, ihr werdet die Insel nicht finden. Glaubt an diese Insel in dem hellen Licht, so werdet ihr vielleicht irgendwann gefunden und dorthin getragen wie auf Wolken."

Die Marktbesucher sind sich nicht einig und gehen kopfschüttelnd davon. Der fahrende Händler aber schaut in die Ferne. Ein kleiner heller Punkt schein dort am Horizont zu stehen. Er lächelt und ist sich sicher, diese Insel wird auch ihn finden eines Tages. Und mit dieser Gewissheit, setzt er seine Reise fort, den Bewohnern der umliegenden Dörfer von der Sage der geheimen im Licht gehüllten Insel zu erzählen.

Die kleine Schwalbe

Eines Tages flog die kleine Schwalbe wie alle großen Schwalben in der gewaltigen Formation gen Süden mit. Sie lernte was es heißt aufeinander acht zu geben. Keine Schwalbe wollte verloren gehen und jede Schwalbe schaute nach rechts und links, um sich zu merken wer sie als Nachbarschwalbe begleitet.

Letztes Jahr war die kleine Schwalbe noch nicht dabei. Dieses Jahr war so aufregend gewesen. Sie war schon ordentlich gewachsen als die Mutter ihr das Fliegen beibrachte. Die kleine Schwalbe hatte eine Schwester, die war ganz anders als sie. Die Schwester war so mutig und flog vor ihr her und ermunterte sie es doch auch zu versuchen. Die kleine Schwalbe aber nicht so mutig. Sie war vorsichtig und brauchte Zeit bis sie sich traute hoch in die Luft zu steigen. Ihre Schwester und ihre Mutter lobten sie immer wieder und flogen mit ihr hoch und höher. Und dann eines Tages war genug geübt worden.

Und heute war der große Tag. Die kleine Schwalbe durfte mit Mutter, Schwester und vielen, vielen anderen Schwalben mitfliegen. Immer weiter, hoch hinaus und immer Richtung Sonne. Sie flogen stundenlang. Auch die kleine Schwalbe hatte geübt stundenlang zu fliegen. Doch irgendwann machten die Schwalben Rast. Sie landeten alle auf einer weiten

Wiese mit angrenzendem Stoppelfeld. Hier liefen sie umher, suchten etwas zum Fressen und fanden noch einen kleinen Tümpel. In diesem wollte die kleine Schwalbe baden. Aber die Mutter erlaubte es nicht. Sie solle sich ausruhen, damit sie bald wieder weiterfliegen könne, so wie alle anderen auch. Die kleine Schwalbe versuchte im Schatten auf einem Baum etwas Ruhe zu finden. Sie merkte erst jetzt wie erschöpft sie doch war. Eine Zeit lang beobachtete sie das Treiben auf der Wiese und dem Feld. Dann fielen ihr die Augen zu. Bis sie aufschreckte und fast vom Baum fiel. Ein Krach war das. Ein Tumult. Und oh Schreck, die Schwalben war schon dabei sich zu formieren und wieder in die Lüfte zu steigen. Schnell sammelte sich die kleine Schwalbe und flatterte, flatterte ganz aufgeregt. „Ich muss da mit. Ich muss hinter her. Ich kenne doch den Weg nicht. Wo sind meine Mutter und meine Schwester? Wo ist die Nachbarschwalbe. Eben waren sie doch noch da!" So schnell die kleine Schwalbe konnte flog sie höher und höher, dem Schwarm hinterher. Sie flog und flog wie alle anderen gen Sonne. Und nach einiger Zeit fand sie auch eine ihrer Nachbarschwalben, Ihre Schwester flog wieder vor ihr.

Aber wo war die andere Nachbarschwalbe geblieben? Sie fragte danach. Aber die anderen sagten, sie wüssten es nicht. Ihre Schwester flog ein Stück neben ihr. Sie erklärte der kleinen Schwalbe, dass es manchmal vorkam, dass eine Schwalbe vielleicht nicht mehr so viel Kraft hat und sich länger ausruhen müsse. Dann wenn sie dem Schwalbenschwarm nicht folgen könne würde sie warten. Sie wartet auf einen anderen Schwalbenschwarm der sie mitnehmen wird. Dann wird sie aufgenommen werden, denn der andere Schwalbenschwarm wird sie tragen bis zur Sonne. Ganz hoch hinaus. Bis man sie nicht mehr sehen könne. Denn dieser Schwalbenschwarm ist anders als die anderen.

Die kleine Schwalbe wurde traurig. Aber ihre Schwester erklärte, „dass ist nicht schlimm. Es ist doch schön zu wissen, wenn eine Schwalbe keine Kraft mehr hat, dass sie getragen wird von vielen anderen Schwalben. Und so findet jede Schwalbe irgendwann ihren eigenen Sonnenplatz."

Da lächelte die kleine Schwalbe, schaute zur Sonne und ließ sich vom Wind tragen. Sie freute sich dass sie nicht alleine war. Und sie freute sich zu wissen, dass später wenn sie mal keine Kraft mehr hätte, getragen zu werden, so ähnlich wie jetzt im Wind.

Foto: Gabi Geiger-Käsmeier

Der alte Bauer und sein Traktor

Ein Bauer und sein Traktor waren unzertrennlich. Sie kannten sich schon seit Jahrzehnten. Gute Dienste hatte der Traktor dem Bauern geleistet, jahrelang war er im treu gewesen.

Nun waren beiden in die Jahre gekommen, etwas abgeschrammt an den Ecken und Kanten, etwas knochig und irgendwie nicht mehr so schnell wie früher. Der Traktor stotterte immer wieder und der Bauer brauchte länger um in seinen Sitz zu klettern. Unter überhaupt, das Laufen und am Laufen zu bleiben fiel beiden inzwischen schwerer.

So entschloss sich der Bauer eines Tages den Traktor in die Scheune zu stellen. Verkaufen wollte er seinen treuen Gefährten nicht. An diesem Tag strich der Bauer kurz und sachte über das verbeulte Blech. Nachdenklich sah er ihn an und überlegte. Dann nahm der Bauer eine größere Decke und schwang diese über den Traktor. Das war nicht ganz einfach, der Bauer war nicht mehr so sicher auf den Beinen. Mit Müh und Not gelang es ihm schließlich. So verabschiedete er sich von seinem Traktor und schloss die Scheune zu.

Mühsam schlurfte der Bauer ins Haus. Hier hatte sich auch seit Jahre nichts mehr geändert. Alles war so geblieben wie es war als seine Frau verstarb. Der Bauer fühlte sich wohl so wie es war. Das war sein zu Hause, das war seine gewohnte Umgebung. Der alte

Holzofen war auch in die Jahre gekommen und mit dem Bauern gealtert. So wie die Möbel oder der Traktor in der Scheune.

Doch seit einigen Tagen spürte der Bauer eine Veränderung in sich. Er merkte es ging etwas vor sich, das er bisher nicht kannte. Er fühlte sich schlapp und kraftlos. Irgendwie hatte er jeden Tag mehr Mühe sich aufzuraffen und sein Tagwerk zu vollbringen.

So fasste er eines Tages den Entschluss nicht mehr zu kämpfen, sondern seinen Bauernhof zum Verkauf anzubieten. Nur den Traktor, den wollte er behalten, der wurde nicht mit angeboten. Der Verkauf ging schnell. Junge Leute freuten sich über das neue zu Hause.

Der Bauer behielt ein Wohnrecht auf Lebenszeit. Und so nahm er seine alten Möbel und richtete sich in dem kleinen Gesindehaus ein. Jeden Tag sah er den jungen Leuten zu bei der Arbeit und von Tag zu Tag war er überzeugter davon das Richtige getan zu haben.

Eines schönen Morgens fragte der junge Mann, ob er sich den Traktor nicht Mal ansehen dürfe. Es vergingen Monate, aber der Bauer ließ dies nicht zu.

Doch eines Tages, der Bauer schon so schwach, dass er doch einwilligte. Das ließ der junge Mann sich nicht zweimal sagen. Er schwang die Decke vom Traktor und nickte mit dem Kopf. Ja, so ein Traktor, das hatte ihm noch auf dem Hof gefehlt. Tagelang schloss er sich in der Scheune ein und man hörte laute Geräusche, Geklopfe und Geratter.

Der alte Bauer konnte sich nur noch mühsam mit dem Rollator fortbewegen. Die Neugierde aber, die trieb ihn an und er verfolgte die täglichen Schritte des jungen Mannes in die Scheune. Dann nach Wochen glaubte der alte Bauer nicht was er hörte.

Inzwischen konnte er seit Tagen das Bett nicht mehr verlassen, so lauschte er intensiv den Geräuschen auf seinem ehemaligen Hof. Er war nicht verbittert, er war froh über die Entwicklung und die Stimmen die er hörte. Es bewegte sich was, etwas Vertrautes, etwas, das er von früher her kannte.

Langsam hob der Bauer seine Lider und kniff die müden Augen ein wenig zusammen, um besser sehen zu können. Er meinte bekannte Geräusche zu hören und konnte er es nicht glauben. Das Scheunentor öffnete sich und dann sah er ihn.

Majestätisch und würdevoll schien dieser Moment für den alten Bauern zu sein. Sein alter, treuer Traktor erstrahlte in neuem Glanz und schnurrte wie früher, so wurde er aus der Scheune herausgefahren in den Hof. Da stand er nun, der Motor lief gleichmäßig…. Nach einem sachten Nicken, lächelte der alte Bauer ein weises Lächeln, sank in sein Kissen und schloss mit dem Motorgeräusch in seinen Ohren die Augen.

Der Traktor fuhr an seinem Fenster vorbei und schien als Gruß noch lauter rattern zu wollen, doch das hörte der Bauer schon nicht mehr.

Oma träumt

Schon länger lebte Oma im Pflegeheim. Schon länger wusste sie, dass alles einmal enden würde. Schon länger bereitete sie sich darauf vor. Denn sie glaubte an gute Dinge, an Dinge die bleiben würden, an Dinge an die man sich erinnern wird. Sie war Realistin.

Oma wuchs in den Kriegsjahren auf. Schwere Jahre. Entbehrungsreiche Jahre lagen hinter ihr. Zwei Ehemänner musste sie begraben. Zweimal traf sie einen Mann fürs Leben. Wer bekam schon 2 x so ein Geschenk? Sie war zufrieden mit ihrem Leben. Sie war zufrieden mit dem was sie heute ihr Eigen nennen konnte. Oma war immer realistisch. Oma war eine starke Frau. Oma eben.

Oma war immer kreativ. Schon in den Kriegsjahren half ihr dies und auch später als der erste Mann sie mit dem kleinen Kind alleine ließ, als er doch noch an einer Kriegsverletzung verstarb. So vergingen viele Jahre. Der neue Mann an Omas Seite war ein gut situierter Mann. Seine Firma für Maschinenbau verkaufte er für viel Geld. So gingen er und Oma auf Reisen. Was für tolle Jahre. Bis er leider diese blöde unheilbare Krankheit erleiden musste. Oma blieb bis zum Schluss an seiner Seite. Oma war eine starke Frau, noch immer. Oma eben.

Nur manchmal erlaubte sie sich zu träumen. Nur manchmal vergaß sie einfach, wie stark sie doch immer war. Wie gut sie alles bis hierher geschafft hatte. Was für schlimme Zeiten und welch schlimme Krankheiten hatte sie doch überlebt. Sie glaubte an das Gute. Sie sah auch immer vor sich ein halb volles Glas, kein halb leeres. Sie sah immer erst das Positive und sie dachte gerne an schöne Dinge in ihrer Erinnerung. Eine starke Frau. Oma eben.

Und heute träumte sie auch. Sie konnte es nur nicht sagen. Es würde ihr keiner glauben. Sie träumte davon, die Welt von oben zu sehen. Sie glaubte an Engel die Spaß auf einer Regenbogenrutsche haben. Sie stellte sich vor, wie sie auf ihrer Wolke die Füße baumeln lassen kann. So wie als Kind, wenn sie auf einem Ast im Baum saß und hinunter schaute. Sie war sich sicher, ihr Traum würde in Erfüllung gehen. War sie doch eine starke Frau. Eine Realistin. Oma eben.

So vergingen manche Tage und Nächte in denen Sie ihren Traum festhielt und nicht wieder hergeben wollte. Mit der Zeit kehrte sie mehr und mehr in sich, war ruhig und ein zufriedener Glanz lag in ihren Augen.

Bis es dann doch eines Morgens soweit war. Ein Friede legte sich über ihr Gesicht. Eine Wärme umhüllte sie. Lächelnd ließ sie sich tragen vom Licht.

Und für den Wimperschlag einer Sekunde stand die Erde still.

Foto: Gabi Geiger-Käsmeier

„Du musst nun gehen"

Du musst nun gehen
lässt uns zurück
nimm meine Sonnenstrahlen
halte sie ganz fest
auf deiner letzten Reise

Sie wärmen und begleiten dich
sie helfen dir beim Abschied
von uns, von der Welt
sie umhüllen dich
sie schweben mir dir
sie geben Kraft durch das Tor zu treten

Schick mir einen zurück
dann weiß ich
du bist gut angekommen

Wirst du mich irgendwann empfangen?

Teuer Freund

Als Jugendlicher bekam ich einen treuen Freund geschenkt. Also nicht direkt geschenkt. Er war ein Geschenk für mich, aber er hat sich mir selber geschenkt. Das war so ein seltsamer Tag. Ein echt guter Tag als der Hund zu mir kam. Hund mein neuer Freund. Muttl wollte Hund erst nicht im Haus haben. So ein Streuner, nein. Vater war sich nicht sicher. Er wollte wissen, ob ich mich um diesen Hund kümmern würde. Natürlich nickte ich. Klar wollte ich. Immer gehe ich Gassi. Immer sorge ich für dieses Geschenk, so versicherte ich. Meine Eltern versuchten noch über die Zeitung und den Tierarzt herauszufinden, ob dieser zugelaufene Hund jemandem gehörte, ob er vermisst würde. Wir bangten zwei Wochen. Jeder auf seine Weise. Muttl hoffte, dass der Besitzer käme und überglücklich den vermissten Hund abholen würde. Vater war sich nicht sicher und beobachtete mich. Er sah es als meine Probezeit mit Hund an. So strengte ich mich enorm an und kümmerte mich was das Zeug hielt. Jeden Tag Gassi gehen, jeden Tag Sitz, Platz und Bleib üben. Wenn das Wetter gut war ließ ich Streuner am Rad nebenher laufen. Wir hatten viel Spaß und es war jeden Tag eine Freude für mich wenn ich aus der Schule kam und Hund war noch da.

Nach diesen zwei Wochen überredete Vater unsere Muttl. Und so durfte ich den Streuner behalten. Von da an begann unsere so innige Freundschaft. Ich nannte Hund ab jetzt „Streuner", wie auch sonst? Wir verbrachten so viel Zeit miteinander, dass ich keine Freunde, die ich in der Schule sowieso nicht hatte, vermisste. Ich haderte nicht mehr mit meinem Schicksal, weil ich nie als erster beim Sport in eine Mannschaft gewählt wurde. Auch die Mädchen interessierten mich nur noch am Rande. Die standen ja sowieso eher auf Kerle und Angeber und in meinen Augen auf Hohlköpfe. So eine wollte ich nicht. Sollten die Blondies sich doch mit den Wichtigtuern abgeben. So eine passte sowieso nicht zu mir.

Es vergingen die Jahre und Streuner und ich waren noch immer unzertrennlich. Eines Tages, ich hatte schon meine Lehre in der Autowerkstatt begonnen, traf ich eine Schönheit. Beim Gassi gehen war Streuner so ganz gegen sein bisheriges Verhalten ganz erpicht darauf ein Mädchen zu beschnuppern. Mensch, war mir das peinlich. So entschuldigte ich mich auch mehrfach. Das Mädchen lachte nur und fand es nicht schlimm. Im Gegenteil, Streuner hatte bereits ihr Herz erobert. Und mein Herz schlug plötzlich so unregelmäßig. Es stolperte richtig. Es dauerte nur ein paar Sekunden, die sie mich fixierte und fragte, ob wir uns wiedersehen könnten. So fing es an. Streuner war schuld. Jetzt stolperten auch meine Füße nach Hause. Morgen würde ich sie wiedersehen. Daraus wurde übermorgen, überübermorgen… und eines Tages wurde sie meine Frau. Streuner hatte ich beigebracht uns die Eheringe im Körbchen an den Altar zu bringen. So ein braver Hund. Ein Vorbild von Hund. Gut erzogen eben. Meine Frau und ich wurden sehr glücklich und nach einigen Jahre, Streuner war schon 8 Jahre alt, wurde uns ein Junge geschenkt. Unser Malte, ein Sonnenschein. Und Streuner wurde sein Beschützer.

Als unser Malte dann die Schule besuchte, wurde Streuner immer grauer. Er tollte nicht mehr so doll herum wie noch im letzten Jahr. Streuner fraß nicht mehr so viel. Mein Weggefährte war in die Jahre gekommen und faul. Inzwischen schlief er mehr als dass er im Haus umhertrottete. Ein Senior inzwischen. Am Rad nebenher laufen wollte er auch nicht mehr. Seine Augen hatten nachgelassen, das Gehör war schlechter geworden. Ein immer noch liebenswerter Begleiter, nur behäbiger und langsamer als früher. Mein Streuner, der meinen Weg ins Glück geebnet hatte.

Irgendwann war es dann doch soweit. Wir mussten uns verabschieden von Streuner. Er war mit 15 Jahren sanft in unserer Mitte entschlafen. Unsere Familie war lange Zeit sehr traurig.

Malte aber ließ nicht locker und bettelte, wir sollten einen neuen Hund kaufen. Aber ich konnte nicht. So einen Hund wie Streuner würde es nie, nie mehr geben.

Nach ein paar Tagen plötzlich kam Malte von der Schule und erzählte von einem herrenlosen Hund. Er beschrieb mir genau wo er den Hund gesehen hatte.

Ich glaubte es nicht. Aber ich fuhr zu der Stelle und tatsächlich. Ein kleiner Welpe lief hilflos umher. Die Hündin, seine Mutter, war nicht zusehen. Sie musste einem Verkehrsunfall zum Opfer gefallen sein.

Ich brachte das" Geschenk" mit nach Hause. Zwei Wochen versuchten wir herauszufinden, ob ein Welpe bzw. einer trächtige Hündin vermisst wurden. Zwei Wochen kam Malte von der Schule und freute sich wie ein Schneekönig wenn Welpe noch bei uns war. In dieser Zeit brachte ich Welpe einiges bei, er wurde stubenrein, konnte Sitz, Platz und Bleib. Meine Frau behauptete, dass Welpe unserem Streuner so ähnlich sähe. Ich winkte immer mit verschmitztem Lächeln ab. Bis die zwei Wochen herum waren.

Denn insgeheim wusste ich, Streuner war zu uns zurückgekehrt und würde noch viele Jahre unser treuer Wegbegleiter sein.

Holl di flügge

Früher als Kind beobachtete ich gerne die Erwachsenen. Besonders meine Eltern waren mir gute Vorbilder. Sie waren immer freundlich, hilfsbereit und hatten auch einen größeren Freundeskreis.

Bei uns gingen also viele Leute ein und aus. Das gefiel mir schon als Kind. Leben in der Bude.

Besonders mein Vater sprach immer sehr freundlich mit den Leuten. Und beim Abschied hatte er auch für jeden ein nettes Wort. Oft sprach er Platt mit den Besuchern, Hochdeutsch konnte er aber auch. Und wir Kinder lernten beides. Denn Oma und Opa sprachen fast nur Plattdeutsch.

Manchmal wenn ein Gast uns verließ meinte mein Vater beim Händeschütteln: „Kiek ok mal weer in." Der Besuch nickte immer eifrig und erwiderte meist, dass er sehr gerne wiederkäme. Wo meine Mutter doch so einen leckeren Kuchen gebacken habe.

Andere verabschiedete er mit einem „kom good to huus", denn er wusste den weiten Weg der Gäste. Oder er meinte „weerkomen neet vergeten", gerade wenn der Besuch so selten den Weg zu uns fand.

Zu meinem Bruder meinte er beim Auszug, „Reis mit Good und holl de Ohren stiev." Das nahm sich mein Bruder auch zu Herzen. Er reiste weit, hatte bestimm auch göttlichen Beistand und wie ich mitbekam, hielt er die Ohren steif, lernte einen tollen Beruf und machte etwas aus sich.

Bei entfernten Verwandten hörte ich gerne mal ein: „Laat mal von di hören." Das waren dann die selteneren Besucher, die nur zu Ostern und Weihnachten eine Postkarte schrieben.
Und zum Nachbarn meinte er meist: „Mak dat good oder laat ditt good gahn." Sie sahen sich ja auch oft und waren im gleichen Boßelverein.

Ab und zu verabschiedete sich mein Vater mit den Worten: „Holl di flügge." Dann freute sich der Gast und versprach sich munter zu halten. Schließlich wolle er ja noch mehr so schöne Nachmittage in unserem Haus verbringen.

Ja, holl di flügge. Halt dich munter. So sagte er dann auch eines Tages auch zu mir, als ich mich verabschiedete, um meine Lehrstelle im fernen Schleswig-Holstein anzutreten. Ich wollt etwas sehen von der Welt. Und Holl di flügge bedeutet ja auch, man ist jetzt soweit für sich selber zu versorgen. Die Flügel müssen trainiert werden, das Leben da draußen wollte bewältigt werden.

Und ab einem gewissen Alter will ein junger Mensch auf sich selber achten und eigene Entscheidungen treffen. So war es auch bei mir. Und es überwog eher die Neugier als die Angst ob ich denn auch alles schaffen würde.

Ich wusste ja, bei Problemen käme mein Vater angeflogen, um zu helfen.

So war ich auch gewiss, dass ich jederzeit meine Flügel wieder unter den Tisch meiner Eltern ausstrecken durfte, denn mein Elternhaus war schon immer ein Haus der offenen Türe.

Foto: Gabi Geiger-Käsmeier

David und die Großeltern

Der kleine David besucht seine Großeltern gerne. Der Opa ist nicht mehr so fit wie vor ein paar Jahren. Doch David stört das nicht. Opa ist immer noch Opa. Auch wenn er jetzt nicht mehr Fußball mit ihm spielt, weil das Knie nicht mehr so will. Und auch nicht dass Opa nicht mehr Tischtennis mit dem Enkel spielen kann, weil die Gicht die Finger so verkrümmt hat. Opa ist trotzdem immer gut drauf, hat immer eine Geschichte parat und er erzählt so wundervoll, dass David nicht genug davon bekommen kann. Und dann erst Oma. Oma ist die beste der Welt. Denn Oma backt für David immer seinen Lieblingskuchen. Und Oma kocht für David die (scheinbar) ungesunden Dinge, die er zu Hause bei der Mama nicht essen darf. Nicht ahnend, dass Oma immer was Gesundes mit hineinfügte, ohne dass David es merkte. Für David ist die Welt bei Oma und Opa in Ordnung. So freut er sich wenn er in den Ferien mindestens eine Woche bei seinen Großeltern zu Besuch bleiben darf. Lange wollten die Eltern nicht, dass David den Großeltern zur Last fällt, wie sie behaupteten. Aber inzwischen bestanden Opa und Oma darauf, dass David wenigstens in den Ferien länger bei ihnen bleiben darf und behaupteten im Gegenteil der Enkel würde ihnen helfen und nicht zur Last fallen.

So war es auch in diesem Sommer wieder soweit. David freute sich wie ein Schneekönig. Opa hatte schon ein paar Sachen vorbereitet, die er mit David unternehmen wollte. Zum Adlerhorst sollte es diesen Sommer gehen. Zum Badesee drängte es David jedes Jahr, schwimmen hatte Opa ihm letzten Sommer schon beigebracht, zur Freude der Eltern. Und für weitere Ausflüge stand schon lange ein Fahrrad im Schuppen. Denn Fahrrad fahren ging gut mit Opa und Oma. David nahm auch immer Rücksicht, weil er wusste, ältere Herrschaften sind nicht mehr so schnell wie Schulkinder. In der Nähe hatte auch ein kleiner Freizeitpark eröffnet. David wusste es noch nicht. Opa und Oma wollten ihren Enkel mit dem Besuch dorthin überraschen. Für David hätten sie alles gegeben. Und David hätte für seine Großeltern ebenso alles gegeben, sogar seine Lieblingsfigur aus König der Löwen. Die Verbindung zwischen David und seinen Großeltern war ein sehr starkes Band wie es so nicht oft der Fall war.

So vergingen die Jahre und Oma und Opa wurden älter und auch leider immer langsamer. Manchmal musste David seiner Oma zweimal sagen was er wollte, auch lauter als früher musste er sprechen. Oma gab es nicht zu, aber es wäre schon lange ein Hörgerät fällig gewesen. Und Opa hatte auch ziemlich nachgelassen. In den letzten Jahren hatte Opa noch Geschichten erzählt aber heute... Heute konnte sich Opa an vieles nicht erinnern. Er wollte es sich nicht anmerken lassen, aber Oma wusste es schon länger. Und David? David war dieses Jahr schon 15

Jahre und kein kleiner Bubi mehr. Er wusste und sah mehr als manche Erwachsenen sich denken konnten. David war ein nachdenklicher Kerl. So viel Zeit hatte er in den letzten Jahren mit Oma und Opa verbracht. Die Eltern hatten ihm als er größer wurde auch erlaubt länger und öfter Oma und Opa zu besuchen. Sie sahen auch die Veränderungen und wollten Davids Wunsch entsprechen. Er liebte die Zeit mit Oma und Opa.

Eines Tages kam David auf eine Idee. Er brachte zwei Schachteln mit zum Besuch bei den Großeltern. Und er befüllte eine Schachtel mit Oma und eine mit Opa. Jeder der beiden sollte David etwas Schönes und vielleicht auch ein Lieblingsstück für die Schachtel geben.

Immer wenn David zu Besuch kam, schaute er nach. Und jedes Mal war wieder etwas Neues in den Schachteln. Oma hatte eine kleine Lieblingsfigur hineingelegt. Es war ein lächelnder kleiner Engel. Auch hatte sie ein kleines Bild auf dem Freesien zu sehen waren hinzugelegt. Ihre Lieblingsblumen. Dann gab es noch ein kleine Holzkugel und ein Beutel Tee. Oma meinte, den trinke sie so gerne, der gehört auch in die Schachtel. David bat sie auch noch um etwas selber Gestricktes. Und so legte Oma auch noch eine Mütze dazu und eine ihrer Lieblingsketten. Sie trage diese Dinge nicht und in der Schachtel sind sie gut aufgehoben, erklärte sie ihrem Enkel. Dabei lächelte sie verschmitzt.

Opa dagegen tat sich etwas schwerer. Aber auch er fand ein paar Dinge die er für würdig befand und legte einen Flaschenöffner, einen für ihn außergewöhnlich schönen Stein und eine Anleitung für Laubsägearbeiten bei. David musste lachen bei dem Anblick, aber er verstand den Wink mit dem Zaunpfahl. Er freute sich über den Eifer den seine Großeltern an den Tag legten, wenn es um das Befüllen der Schachteln ging. Oma hatte die Schachtel mit unterschiedlichem Geschenkpapier beklebt. So hatte jede Box seinen eigenen Charme. Wie der Inhalt und wie die Großeltern.

Im Jahr darauf verstand David die Welt nicht mehr. Es war alles so schnell gegangen. Seine Oma hatte sich zum Mittagschlaf auf die Couch gelegt, dann ist sie einfach nicht mehr aufgestanden. Das brach Opa das Herz und David war am Boden zerstört. Keine vier Wochen später schlief auch sein Opa friedlich ein und wachte am nächsten Morgen einfach nicht mehr auf. Das war fast zu viel für David. Seine geliebten Großeltern, einfach nicht mehr da. So schnell, von jetzt auf nachher. Weg, einfach weg.

Er verstand den Lauf der Dinge. Und er kam irgendwann auch klar damit, dass seine Großeltern nicht ewig da sein konnten. Immerhin hatte er sie über 16 Jahre um sich haben dürfen. Nach einiger Zeit fühlte er sich nicht mehr allein. Er hatte die zwei Schachteln, befüllt von Oma und Opa.

Eines Tages als er Omas Box öffnete, fand er ganz unten einen Briefumschlag. Seltsam, der war ihm bisher nicht aufgefallen. So öffnete er ihn und las wundervolle Worte. Seine Großmutter schilderte ihm wie herrlich sie es fand wenn er zu Besuch bei ihnen war. Sie schrieb ein paar tröstende Worte, das Rezept von seinem Lieblingskuchen und sogar Omas Lieblingswitz waren hier notiert.

David musste tatsächlich ein wenig lächeln.

Gleich darauf öffnete er auch die Schachtel von Opa. Und siehe da, hier lag ein Notizbuch, das kannte David auch noch nicht. Der Großvater hatte hier viele seiner Geschichten aufgeschrieben, die er David im Laufe der Jahre so erzählt hatte. Das musste er immer wieder aktualisiert haben, denn in den letzten Jahren war Opa so vergesslich geworden. Aber diese Geschichten werden David helfen Opa als Geschichtenerzähler in Erinnerung zu behalten.

Und schon wieder musste er lächeln und war dankbar für die Schachteln voll Erinnerungen.

Aufgeräumt

Schon lange denke ich darüber nach. Schon lange ist es überfällig.

Ich muss endlich mal aufräumen, ausmisten, mich von Dingen trennen, die ich schon sooooo lange nicht mehr benutzt habe.

Aber wo fange ich an? Womit beginne ich? Alle meine schönen Sachen, meine liebgewordenen Dinge..... Das soll ich alles weggeben?

War ich schon bereit dazu?

Noch ein paar Minuten überlegen. Nun Ja, vielleicht fange ich im Kleiderschrank an. Da hängen sowieso ein paar Teile herum, die werde ich nieeeee wieder tragen können. Größe 34 war vor 8 Jahre noch möglich, aber heute? Ok die Sachen haben Geld gekostet, aber vielleicht kann ich ein paar gute Stücke zum Second Hand Shop geben. Also gut, ich fange mit dem Kleiderschrank an. Erst Mal alles auf das Bett legen. Ups.

Das Bett reicht ja gar nicht... Herrjeh so viel Zeugs. Aber gut, angefangen und weitermachen. Ich brauche eine Kiste aus dem Keller.

Ohjeh. Ich war im Keller. Da müsste man auch Mal aufräumen. Und vor allem Mal ausmisten.!

Aber erst der Schrank! Was ziehe ich wirklich noch an und was passt überhaupt noch? Immerhin die Kiste ist nach einer Weile voll. Ich schaffe sie in den Keller und gehe mit Scheuklappen wieder in die

Wohnung. Der Schrank sieht schon übersichtlicher aus. Gefällt mir.

Der Tag ist heute verregnet. Also könnte ich doch auch in den Küchenschränken mal nach Dingen suchen, die irgendwie seit Jahren im hintersten Eck stehen, weil man sie ja vielleicht Mal gebrauchen könnte. Bis heute weiß ich nicht warum ich zwei Waffeleisen besitze. Doch ich weiß, eines war ein Geschenk meiner Mutter.

Also gut, auch hier misten. Wozu brauche ich drei Kochlöffel? Schon wieder in den Keller, eine Kiste holen. Und mit Scheuklappen wieder nach oben. In den Küchenschränken und im Wohnzimmerschrank haben sich Dinge angesammelt, die brauche ich in hundert Jahren nicht. Weg damit.

Nach dieser Radikalkur muss ich Pause machen.

Ein Kaffee auf dem Sofa ist jetzt genau das Richtige. Dabei komme ich ins Grübeln. Ausmisten, entrümpeln und sich von Ballast befreien.... Das müsste ich auch in meinem Kopf machen. Wie viele unangenehme Gedanken kreisen manchmal unter meiner Haarwurzel über Dinge oder gaaaanz alte Begebenheiten? Alles Blödsinn. Brauche ich nicht. Warum denke ich noch über so Kinderkram nach, der zig Jahre her ist? Warum hebe ich die uralten Telefonnummern auf von Menschen, die mir eigentlich nie wirklich etwas bedeutet haben. So Zufallsbekanntschaften, bei denen man nach einem schönen Gespräch weiß, das war's. Die siehst Du nie wieder.

Muss ja auch nicht. War schön in diesem Moment und gut.

Also weg damit. Lieber Kopf höre auf über unnützes Zeug nachzudenken. Oder warum interessiert es mich wieso man sein Hausdach mit grünen Ziegeln decken lassen kann. Wo grün doch so gar nicht meine Farbe ist. Was geht es mich an? Hauptsache das Dach auf meinem Haus ist nicht grün. Weg damit.

Lieber an die schönen Dinge denken. An gute Freude, die man schon wieder vernachlässigt hat weil..... Und jetzt nicht nach falschen Gründen suchen. Faul war ich. Punkt!

Und überhaupt der letzte Urlaub war doch toll. So gutes Wetter hatten wir an der Nordsee noch nie. Da will ich wieder hin. Auch wenn nicht mehr sooo tolles Wetter wäre. Und warum frage ich nicht meine Freunde ob jemand Lust hat mitzukomme? Meine Zeit nutzen. Intensiv nutzen. Sinnvoll nutzen.

Ballast abwerfen, auch in meinem Kopf. Schöne Erinnerungen bleiben, nicht das olle Waffeleisen im Schrank. Oder die viel zu enge gewordene Jeans. Nicht an Dingen festhalten die sich nicht festhalten lassen.

So starte ich mit guten Vorsätzen obwohl Sylvester noch einige Monate weit weg ist. Irgendwie geht es mir jetzt besser. Das liegt nicht unbedingt am Kaffee. Aber meine Laune ist echt gut. Ich fühle mich jetzt viel befreiter. Ballast abwerfen, ausmisten, aufräumen... auch mit dummen Gedanken, auch mit schlechten Erinnerungen. Und dann bleiben schöne Dinge im Regal in meinem Kopf, denn auch hier hab ich Dinge neu sortiert. Und mein Kopf ist viel freier im Denken. Warum bin ich da nicht schon früher drauf gekommen?

Immer wieder ausmisten und Ballast abwerfen, gut so sagt meine Seele und lächelt mir zu.

Spiegelbild

Eines Tages, man wird ja älter, schaute ich in den Spiegel und sah ein Gesicht, das ich länger kannte als mich selbst. So kam es mir jedenfalls vor

Irgendwann ließ mein Blick eine genauere Betrachtung zu. Schon öfter sah ich im Spiegel etwas, das ich nicht wahr haben wollte. Es war zu offensichtlich.

Jetzt hatte ich mit der Zeit doch genau solche Grübchen bekommen, die ich eigentlich mochte. Meine Augen waren mit kleinen Fältchen umrahmt, so wie es kannte, aber nicht sehen wollte. Und doch, war es bekannt.

Ich sah aus wie meine Mutter.

Hier und da gab es kleine Andersartigkeiten. Vor allem war ich charakterlich ganz anders als meine Mutter. Das wollte ich schon immer, anders sein als sie. Und ich wollte nicht so werden. So nicht!

Und jetzt? Jetzt sah ich bald aus wie sie. Ich kam meinem Spiegelbild immer näher und betrachtete jede Pore intensiv. Nein so ganz sah ich nicht aus wie sie. Aber irgendwie erinnerte mich dieses Gesicht doch an ihr Gesicht. Ob ich es wollte oder nicht. Ich war nun Mal ihre Tochter. Auch wenn ich als Jugendliche rebellisch behauptet hatte ich sei im Krankenhaus vertauscht worden. Schließlich waren meine Mutter und ich so gaaanz anders.

Es stimmte, wir verstanden uns nicht so toll. Sie wollte ihr Leben leben und ich war ihr dabei im Weg.

Sagte sie Mal. War hart. Noch ein Grund nicht so zu werden wie sie.

Meine Mutter war egoistisch, auf sich bedacht und sich selbst irgendwie näher als ich es scheinbar je war.... Lange musste ich daran knabbern, dass unsere Beziehung zueinander nicht so war wie ich es in der Schule von anderen Schulfreundinnen oder Kollegen erfuhr. Die hatten ein richtiges Familienleben, eine Mutter die mit dem Auto fuhr, meine Schulfreundin und mich abholte und mit der Tochter Gespräche führte, nicht kommandierte. Das war alles so ganz anders als ich es kannte.

Meine Mutter war alleinerziehend. Ein Graus. Ich hasste es ein Einzelkind zu sein. Schrecklich. Nix mit Verwöhntsein und erste Geige spielen! Pah. Im Gegenteil!

„Mit der Mode gehen" war aus Kostengründen nicht möglich. Alles war funktional oder lange anziehbar. Urlaub war nur bedingt drin, irgendwie über eine Kirchengemeinde oder so. Ich erinnere mich nur daran, dass Ich es toll fand, weg zu sein. Weg von dem Hochhaus, weg von dem Krach, weg von der kleinen engen Wohnung, weg von allem. Wenn ich „weg" war konnte ich sein wie ich war, mich geben wie ich wollte, hatte ich Spaß und genoss die Zeit, meine eigene freie Zeit.

Da wir nur zu zweit waren, musste ich schnell erwachsen werden, um mein eigenes Leben gestalten zu können. So ging ich denn auch mit fast 17 schon aus dem Haus und begann meine Lehre. Weit weg.

Da war toll.

Die Jahre vergingen, meine Mutter und ich sahen uns nur ab und zu. Mein Leben fand überwiegend ohne den Einfluss meiner Mutter statt. Das empfand ich als gut und richtig. Sie fehlte mir nicht. Meine Mutter war auch keine Oma im herkömmlichen Sinne. Sie war entweder unterwegs, hatte sonst wie keine Zeit oder da ohne Führerschein, keine Möglichkeit die Enkel zu besuchen. So wuchsen auch die Enkel ohne Zutun einer Oma auf. Das tat den Enkeln keinen Abbruch. Sie hatten eine Familie.

Bis meine Mutter dann irgendwann in meine Nähe zog. Mit 70 wollte sie dann doch etwas vom Familienleben der Tochter miterleben. Und vor allem, meine Mutter wollte jemanden in der Nähe haben, der sich um sie kümmert wenn es ihr nicht mehr so gut geht. Sie hoffte darauf, dass die Enkel sie regelmäßig besuchen und bespaßen würden. Das funktionierte aber nicht. Wer als Oma jahrzehntelang nicht präsent ist, kann nicht auf dankbare, besuchswillige Enkel hoffen. Wer nur Geschenke macht, um ein Danke zu hören, der kann seine Geschenke behalten. Ein Geschenk mit Pflichten statt von Herzen, ist kein Geschenk. Aber das verstand meine Mutter nicht.

Und heute, heute sehe ich in den Spiegel und sehe die Ähnlichkeit im Gesicht. Damit komme ich klar.

Denn alles war ja nicht schlecht. Ich schaue nicht ver-
bittert auf meine Kindheit zurück.

Aber so sein wie meine Mutter wollte ich nicht.
Wurde ich auch nicht, ich wurde ich, egal was das
Spiegelbild heute sagt. So kann ich stolz meine Falten
zeigen, denn es sind Lachfalten. Und ich kann stolz
meine Grübchen dem Gegenüber entgegen stre-
cken, denn es sind Freudengrübchen. Und ich kann
stolz mit offenen Augen der Welt gegenüber blicken,
denn ich habe Freude am Leben und bin immer noch
neugierig was die Welt mir zu bieten hat.

So war meine Mutter nicht. So bin ich. Und doch,
so ein kleines Stückchen Mutter steckt schon in mir.
Aber das behalte ich für mich.

Tante Trude und die Kultur

Tante Trude war vom alten Schlag. Immer fein angezogen, immer gestylt, immer gerichtet und Haltung bewahrend. Der wöchentliche Frisörbesuch und regelmäßige Kosmetikbesuche waren Pflicht.

Tante Trude war ein Vorbild. Mein Vorbild.

Sie konnte sich sehr gewählt ausdrücken, wusste mit Sprache umzugehen und mochte es sich kulturell zu bilden. Davon bekam ich manchmal etwas ab wenn sie mich mitnahm in ein Theaterstück oder ins Ballett und manchmal auch in eine Oper. Wobei sie schon beim ersten Besuch der Oper La Traviata bemerkte, dass ich wohl eher ein Musicalfan sei. Es wäre sicher meiner Jugend geschuldet, aber Bildung in jede Richtung sei wichtig. So nahm ich es hin wie es kam und ging immer brav mit. Nie beschwerte ich mich wenn Tante Trude mich nach dem Befinden und dem Gefallen des momentan dargebotenen fragte. Immer versuchte ich fast ehrlich zu sein und nickte anerkennend oder meinte, es wäre heute schwerere Koste als beim letzten Mal und so weiter. Carmina Burana war so eine schwere Kost die ich in der Jugend nicht richtig verstand. My fair Lady gefiel mir da schon besser. Die Ballett-aufführung des Schwanensees war für mich dann doch ein etwas ermüdendes Unterfangen. Aber Tante Trude hatte für alles Verständnis, solange ich durchhielt, nicht quengelte und nicht ständig aufs Klo wollte oder nach dem Ende fragte. Zum Ballett allerdings nahm sie mich nicht mehr mit. Aber Musicals und Operetten sahen wir uns noch einige an. Und dann führte sie mich auch noch in so manches Theater. Ich musste schließlich wissen wer Goethe, Schiller, Lessing und, und, und waren. Sie wollte mir zeigen, dass es sich lohne in der Schule die Pflichtliteratur zu lesen und zu lernen. So könne man dann auch im Theater mitsprechen. Sie meinte natürlich mit Gleichgesinnten bedeutungsschwangere Konversation führen über das eine oder andere dargebotene Schauspiel. Wobei ich auch hier still zu sein hatte und auf gar keinen Fall gelangweilt aussehen durfte.

Das tat ich tunlichst nicht. Denn, auch das gehörte für Tante Trude zum guten Bildungswesen dazu, nach der Vorstellung lud sie mich immer in ein sehr gutes Lokal ein. Mal ein italienisches Restaurant in dem auch die Schauspieler genussvoll die Köstlichkeiten zu sich nahmen. Mal ein gut bürgerliches Lokal, von denen es leider nur noch sehr wenige gab, laut Aussage meiner Tante. In diesen Lokalen waren Tischdecken selbstredend und meine Tante war überall ein gern gesehener Gast. Es kam auch vor, dass der Wirt extra für uns eine Tischdecke auflegte. Hier durfte ich manchmal sogar Schnitzel und Pommes Frites bestellen. Aber im schicken Schlosshotel musste ich leider Dinge zu mir nehmen, die ich danach nieee mehr verköstigen wollte. Allein das Probieren, welches manchmal reichte aber Pflicht war, ließ mich gewisse Gesichtszüge unterdrücken und somit auch einen gewissen Brechreiz vermeiden. Das hätte Tante Trude auch nicht geduldet. Also wusste ich mit 16 Jahren schon wie Hummer schmeckt, wonach Schnecken so riechen können, woraus Labskaus bestehen konnte, auf wieviel unterschiedliche Arten Surf und Turf angeboten wurde oder dass Hirschkalbsgulasch anders schmeckte als Hirschbraten oder gar Rehrücken. Gerne probierte Tantchen auch Mal die ganz wilden Kreationen von aufstrebenden Köchen, die sich mitunter dem Sushi und ähnlichen Fischgenüssen verschrieben hatten. Auch hier war ich eine gelehrige Schülerin meiner Tante.

Diese Erinnerung ist mir bis heute geblieben. Und Tantchen besuche ich regelmäßig und immer wieder sehr gerne. Sie kann inzwischen nicht mehr alleine leben, aber sie erkennt mich noch. Und ich kann immer noch gute Gespräche mit ihr über Tschaikowsky, Chopin und Ravel führen. Wir unterhalten uns auch über gewisse Schauspieler, dessen Namen wir inzwischen beide nicht mehr wissen. Ich eil ich sie mir noch nie merken konnte und Tantchen weil sie diese Namen im Laufe der Zeit einfach vergessen hat.

Unsere enge Verbundenheit, die kann uns keiner nehmen. Und unsere kulturelle Gemeinsamkeit, die werde ich immer in Erinnerung behalten. So wie mein Tantchen, der ich meine Bildung in dieser Hinsicht zu verdanken habe. Die vielen schönen Stunden in den Theatern, in den Festsälen, in den Opernhäusern oder auch in den verschiedenen Restaurants, von denen manche schon nicht mehr existent sind, die bleiben in meinem Herzen.

Und wenn Tante Trude von einem Italiener erzählt und mich fragt, ob ich dort mal wieder Muscheln gegessen hätte, dann nicke ich sachte oder behaupte es wäre gerade keine Muschelzeit. Dabei mochte ich Muscheln noch nie. Aber ich erzähle ihr von meinen damaligen Eindrücken und Tantchen ist ganz entzückt von den Beschreibungen. Sie freut sich dann darüber, dass manche Dinge doch so bleiben wie sie waren. Gewisse Werte vergehen eben nie.

Nur ich bin dann im Inneren etwas traurig, aber nicht lange. Ich freue mich auch. Ich freue mich, dass wir diese Zeit zusammen hatten und uns gerne daran erinnern. Jede auf ihre eigene Weise.

Über dem Wasser schweben

Dieser Sommer war anders. Überhaupt war inzwischen alles anders.

Pauline lag seit einiger Zeit im Bett. Sie konnte nicht mehr aufstehen, alles fiel so schwer. Auch im Bett liegen und sich kaum noch bewegen können fiel ihr schwer.

Sie träumte oft von früher. Von Ihrem Haus, ihrem Garten, den Geräuschen, die sie damals umgaben....

Heute hatte sie die Augen geschlossen und atmete ruhig. Fast entspannt lag sie in den Laken und Ihr Gesicht strahlte Frieden aus. Pauline dacht wieder an früher und mit jedem Atemzug glaubte sie die Vögel zu hören, die sie oft schon morgens um vier Uhr in der Frühe mit Gezeter weckten, um den Tag zu begrüßen. Sie liebte die verschiedenen Vogelstimmen. Im Stillen sagte sie: „Ja, ihr Lieben, zwitschert nur. Singt für mich." Und ein zartes Lächeln huschte über ihr Gesicht.

Sogleich meinte sie zu spüren, dass etwas über Ihre Wange und über Ihre Hand strich. Wie der Wind, den sie so mochte, wenn er Ihr übers Haar wehte. Ihre Tochter streichelte die Hand und ihre Enkelin strich ihr übers Haar. Der heutige Besuch war wie immer ganz behutsam und leise. Sie flüsterten, um Pauline nicht zu erschrecken oder gar stören in ihren Träumen. Und sie spürten die ewige Liebe zwischen ihnen, mit jeder Berührung, mit jedem kleinen Lächeln.

Pauline wohnte an der Küste oben im Norden. Hier war immer etwas Wind. Deshalb liebte sie die Küste und die Menschen, die hier zu Hause waren. Ihre hilfsbereiten , langjährigen Nachbarn. Was hatten sie doch für schöne Feste gefeiert. Die Musik, die ihre Generation liebte kam ihr in das Ohr. Sie lauschte in sich hinein als würden Schlager der 60er Jahre erklingen. Viele ihrer Nachbarn kannte sie schon seit der Volksschule. Bis es dann stiller wurde in ihrer Straße. Einer nach dem anderen ging ihr verloren. Aber so war der Lauf der Gezeiten.

Das Wasser, ach ja, ihr Wasser. Zu jeder Tageszeit und vor allem zu jeder Jahreszeit liebte sie die See. Wie oft stand sie am kleinen Fischerhafen, sah die großen Pötte in der Ferne am Horizont vorbeiziehen. Gerne schaute sie auch den Segelschiffen zu, wie sie sich in den Wellen bewegten, wie kleine Spielzeugboote mit denen sie als Kind schon in der Badewanne spielte. Wasser war ihr Element. Hatte sie doch nicht nur ihrer Tochter sondern auch ihrer Enkelin das Schwimmen beigebracht.

So war es auch nicht verwunderlich, als die Augen noch mitmachten, dass sie im betagten Alter noch in eine kleine Wohnung, die ganz oben lag, mit Blick auf das Wasser, umzog. Hier auf ihrem Balkon lauschte sie oft den Möwen, blickte sie täglich auf die

Fischer, die früh morgens mit den Booten in See stachen. Bei Nacht und Nebel ging es hinaus aufs Meer. Ach wie wahr sie glücklich war sie in ihrer Wohnung.

Oft sprach sie mit ihren Pflanzen am Fenster, „na du holde. Hast du keine Lust zu blühen? Ich helfe dir, schau hier gibt's etwas Dünger." Und dann wurde gegossen, Blätter entstaubt und Erde mit der kleinen Harke gelockert.

Bevor sie in die Wohnung mit Meerblick zog versorgte sie ganz allein ihren Garten an ihrem damaligen Haus. Pauline lächelte als sie jetzt daran dachte, wie sie Gemüse vorzog und sich über jedes kleine neue Gewächs freute. Hörte sie nicht gerade ein rascheln? Ihre Tochter sprach leise mit ihrer Enkelin, Pauline dachte an den kleinen Igel, den sie unter dem Laub fand und dann regelmäßig fütterte. Die Tochter erzählte in diesem Moment genau von dieser Begebenheit und Paulines Enkelin meinte flüsternd, „ja, dass passt zu euch. Heute ist sie so ruhig und lächelt so friedlich. Was meinst du woran sie denkt?" Die Tochter zog leicht die Schultern hoch und legte den Kopf etwas schief, „vielleicht denkt sie gerade an früher, an ihr Zuhause, an die Blumen und das Meer. Du weißt ja wie sehr sie das alles geliebt hat."

Pauline hörte die beiden kaum. Nicht nur die Augen auch das Gehör hatten ziemlich nachgelassen. Aber das Gefühl, das war noch da. So stark wie immer. So fühlte sich Pauline leicht, geborgen und fast behütet. Ein schönes Gefühl. Sie hörte nicht wie jemand leise an die Tür klopfte und kurz den Kopf hereinstreckte. Die Schwester mit dem weißen Kittel nickte der Tochter und der Enkelin zu und schloss wieder leise die Tür.

In diesen Minuten seufzte Pauline kurz und ließ den Kopf tiefer in die Kissen sinken. Sie atmete hörbar ein, als würde sie die Meeresluft inhalieren oder den Duft der Rosen, die damals so zahlreich in ihrem Garten wuchsen. Ihr Lächeln drückte Freude aus, die Augen blinzelten, als müssten sie sich vor Sonnenlicht schützen. Ihre Tochter spürte einen leichten Druck und ergriff sogleich sanft die Hand der Mutter, als wollte Pauline ihr sagen, „jetzt ist alles gut. Ich bin bereit, danke es war schön." Auch die Enkelin ergriff sachte die Hand der Oma, küsste zärtlich die Stirn und schaute liebevoll in dieses zufriedene Gesicht.

Pauline hatte das leichte Gefühl sich von den Laken zu heben, sie spürte wie sie sich entfernte und eine tiefe innere Ruhe umhüllte sie, so dass sie schwach glaubte über das Wasser zu schweben. Über das Wasser zu schweben, zu schweben......

Reise

Lass dich tragen
Von den Engeln
Lass dich halten
Von den Liebenden
Lass dich stützen
Von den Deinen
Lass dich begleiten
Auf deiner letzten Reise
Unvergessen in unseren Herzen

Foto: Gabi Geiger-Käsmeier

Für Notizen: